AF599168

MARÍA CASTREJÓN

NO HAY HORMIGAS EN LA ANTÁRTIDA

MARÍA CASTREJÓN

NO HAY HORMIGAS EN LA ANTÁRTIDA

Prólogo
MERI TORRAS FRANCÈS

HUERGA & FIERRO editores

Diseño de Colección: Huerga y Fierro

Primera edición: 2025

C/Sebastián Herrera, 9
28012 Madrid-España
Telf.: 91 467 63 61
www.huergayfierro.com
huerga@huergayfierro.com

I.S.B.N.: 979-13-991294-3-4
Depósito Legal: M-25973-2025
Impreso en Romadac Industria del Libro
Impreso en España/Printed and made in Spain

Prólogo

La entidad de lo minúsculo

A pesar de ser una enorme isla de hielo que corona el polo sur del globo terráqueo, la Antártida es un continente olvidado. El sexto, el que no cuenta en el recuento habitual y debería sumar, puesto que a diferencia del polo norte, donde bajo el hielo hay solo agua, en la Antártida hay suelo. Así, aunque sus condiciones climáticas hacen del todo imposible la vida humana regular y sostenida, la existencia de esa tierra bajo el desierto helado atestigua el vínculo que tuvo (y retuvo) con los otros continentes. Los cinco reconocidos y oficiales que poblamos los humanimales en el delicado equilibrio de una tan falsa como costosa normalidad.

Sin embargo —insisto—, hay un sexto continente en el contenido de esta vida cotidiana, un territorio anejo, en el que reside el yo lírico de María Castrejón. En no hay hormigas en la antártida, la gigante y gélida isla austral se presenta en minúscula, hecha a la (des)mesura del cuerpo que en ella habita (sin poder evitarlo), y transforma ese espacio geográfico real en un lugar simbólico, vital y encarnado.

Haré y desharé los días
[...] cuando el pasillo
mudo de risas de palabras de
huellas forme con mis tripas
otra cicatriz [...]

Ese es el proceso al que asistimos a medida que avanzamos en la lectura del texto. Las otras cicatrices son las del daño, las (auto)lesiones y la cesárea, sin poder delimitar dónde empiezan y terminan unas y otras. En las páginas de este libro alcanzamos un lugar extraño, devenimos testimonios íntimos e intrusos a la vez, porque no deberíamos estar ahí, no hay lugar para la espectacularidad en la antártida: en la poética que cruza el poemario, lo minúsculo cobra una entidad, la de un yo vulnerado que en su (i)soledad palpita un mundo que no puede contener, que (le) desborda.

La antártida en minúscula se convierte, así, en un lugar físico y mental, físico porque es mental, y viceversa; un lugar de aislamiento y de clausura, frío, distante y lejano. El epígrafe que abre el poemario, las palabras de Angélica Liddel a propósito de Emily Dickinson —poeta (auto)clausurada— nos dan la clave del desafío que entraña el texto que sigue: «A más encierro —concluye la autora y dramaturga catalana— más contacto con el infinito». De este modo, el tiempo se dobla en la antártida en minúscula del yo poético, transcurre rizomáticamente azuzado por la asociación con la química, el dolor, el silencio, el miedo, el amor y el recuerdo de todo lo vivido.

Castrejón consigue dar voz a una experiencia vivencial que —como el sexto continente— queda fuera de los relatos autorizados. Etimológicamente, árktikós se refiere a la osa, en referencia a la constelación de la Osa Menor que —como es sabido— señala, con la Estrella Polar, el norte en el firmamento, para ubicación y ruta de navegantes. Por ello, antarktikós se construye como lo anti-arktikós, es decir, lo opuesto al norte, el destino de aquellas personas que o bien lo perdieron o bien renunciaron a seguir los caminos trazados y ser norteadas según los designios de la norma social. Es el lugar del monstruo y/o de la bruja, de quien sobrevive. No; en la antártida de Castrejón, allí donde corre el riesgo el ser, estar y devenir de un yo poético que no en-

caja con los modelos sociales, no hay hormigas. «No quiero salir de la antártida las hormigas dicen miedo escurren los trapos de cocina hacen grupos de Whatsapp hay paradas de autobús en las carreteras las crías se pelean en los parques infantiles pasan ambulancias con su sonido redondo y su camilla negra [...]». Las hormigas asustan a pesar de ser, ellas también, minúsculas: parecen muchas y actúan en masa y de la misma manera; y no es banal que el poema que las nombra en el título sea el único acápite que aparece en mayúsculas: HORMIGAS.

El transcurso del tiempo, con ritmo y dobleces antárticas, evade la linealidad crono y teleológica y lleva a un plano simultáneo la experiencia de ser hija y madre; niña y adulta.

[...] Está tan oscuro mamá
solo quiero tener hambre mamá enciende la luna
por lo menos que pueda ver dónde está el clavel
así podré ir a acariciarle el pelo y a mirarle mientras
duerme desmembrado como si cupiese en mí de nuevo

Las encarnaciones son muchas: ella es estrella y su hijo, que ya es adulto, un clavel rojo. El yo poético trata de releer marcas y cicatrices y, como Lady Macbeth —Unsex me here!— lidia con la culpa de haber rehuido los designios propios (de las hormigas) de su sexo:

> [...] crecí llorando a solas queriendo ser un
> niño y con la palabra mujer doliéndome
> en el pecho [...]

Y, como al final del monólogo del personaje de Shakespeare, ahora, cuando nada de lo sucedido puede ser cam-

biado, se (auto)invita a acostarse. To bed. To bed. To bed. Su deseo ha apostado por la aventura de la vida; esa ha sido su ambición:

Tantas veces he follado que me toca
la antártida el frío y el silencio Ya
he terminado ahora soy el monstruo
habitante del hielo hecho de todo lo
que he hecho lo hermoso y lo terrible
superviviente [...]

Y como todo monstruo, el yo poético de Castrejón emerge del colapso del lenguaje, del fracaso de los discursos y como prueba material de su desorden y sus puntos ciegos: «yo no ya no soy madre duele empujo al gato negro que no tiene la culpa me transformo en un monstruo que lee a Jung y odia a su madre Ya basta Te pariré mil veces cada noche pero no seré tu madre quiero ser libre para morir cuando me dé la gana».

Encontrar la manera de decir la fluidez de lo congelado y recóndito es el reto mayor del poemario, trazar la resistencia a la horizontalidad prescriptiva de quien ya solo puede estar tendida, tanto, que a veces se imagina inerte. Frente a ello, la voz y la torcedura de ese yo poético que no renuncia a decirse, que no suelta el vínculo que la obliga a la vida, la relación con esos otros cuerpos con los que fue uno. Así, poco a poco, traza la inclinación oblicua entre la verticalidad del norte y su perpendicular porque —no hay que olvidarlo— bajo el hielo y el mar de la antártida, invisible a los ojos y a las antenas de las hormigas, hay un camino, un cordón umbilical, que la une a la tierra y a sus seres queridos.

Meri Torras Francès
Barcelona, febrero de 2025

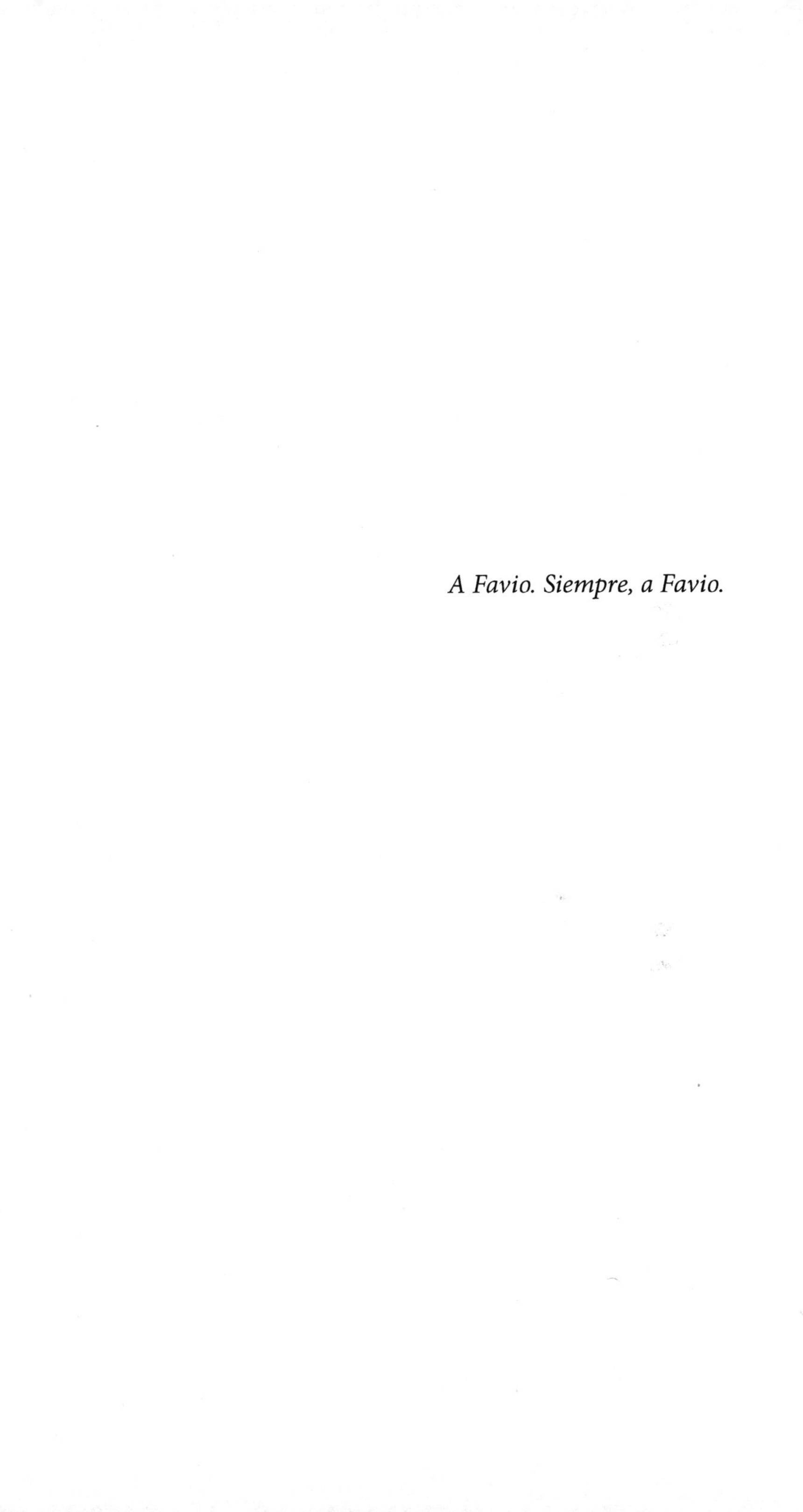

A Favio. Siempre, a Favio.

A mi padre, por lavarme el pelo mal. Por sentarte en una silla azul y contarme historias para que no fuese tan fría la antártida. Gracias, espero haberte correspondido. Te quiero cada día.

A mi madre, mi mejor amiga, mi compañera, te debo una palabra más grande para describir lo que eres para mí. Y lo valiente y fuerte y sabia. Te quiero y te admiro tanto.

A Javi, por llorar cuando te leí este poemario. Y por reír. Eres mi casa.

NO HAY HORMIGAS EN LA ANTÁRTIDA

Emily [Dickinson] desafía al mundo racional con su reclusión, con el enigma, rompiendo la ley de la comunicación, indiferente a la cronología mundana, defendiendo, con la clausura, la belleza del mundo interior. A más encierro más contacto con el infinito.

Angélica Liddell

Desenredaba tu pelo largo en la terraza que
ya estaba empezando a congelarse No
nos lavábamos porque éramos unas cerdas
tú llevabas una hija dentro con nombre de
mártir La vi nacer vi su placenta encima de
una mesa y sentí pena como si mirase
una carnicería de un pueblo pequeño
Te marchaste y llegó la antártida y el
miedo al dolor de regalarte aquel portavelas
que tanto te gustaba Ahora tienes tu
casa pequeña y yo me arrincono en ese
lugar en el que cepillaba el pelo largo y
rubio sucias las dos tú con una hija dentro
fumabas reías ahora retumba el deshielo
de las traiciones y me dan miedo las palabras
que suenan por si rompen los bloques que
me sostienen con vida junto a la botella de agua

No quiero salir de la antártida las hormigas dicen *miedo* escurren los trapos de cocina hacen grupos de WhatsApp hay paradas de autobús en las carreteras las crías se pelean en los parques infantiles pasan ambulancias con su sonido redondo y su camilla negra *¿vas bien?* la hormiga reina tiene dolores menstruales en el viaje de fin curso de segundo de la ESO hay demasiado espacio entre coche y andén venden perfumes en las farmacias cinco euros una taza de té y la hormiga obrera del sillón deja sus lentejas frías sobre la mesa para ir a urgencias sola dice *sí* a todas las enfermedades del cuestionario No quiero salir de la antártida hace frío en el supermercado las frutas están muertas las toco sin guantes para calmar su terror y el mío

Aquí en la antártida soy el fósil de
la niña que fui Investigan mis anillos
de árbol muerto y escriben en sus
informes qué pasó antes de los dinosaurios
cuando todos existíamos cuando mi
madre tenía quizás demasiados hijos
mi padre quizás demasiado trabajo mi
abuela decía que la vida así no era Tan
bellos todos y tan tristes tan lejos que
crecí llorando a solas queriendo ser un
niño y con la palabra mujer doliéndome
en el pecho La niña se hizo piedra Rodó
por los rincones buscando la droga perfecta

En la antártida el tiempo es beber
agua mirar cómo las flores rojas
intentan escapar por la ventana
empujan el cristal huyendo de la
virgen que arde en el hielo un
pastillero donde se borra el domingo
El tiempo son las cápsulas desayuno
comida cena desayuno comida cena
y la hora del baño cuando otras
manos me lavan el pelo mal mi
cabeza de muñeca de niña que se
comió la galleta de Alicia la hora
del puré y del plátano y del sueño
sin sueños En la antártida el frío
llega de la soledad de la locura y
de su postre Se olvidan los nombres
Hace un siglo que no hay abrazos solo
agua y flores rojas que empujan el
cristal de la ventana y píldoras
desayuno comida cena desayuno
comida cena sin domingo solo agua

En la antártida hay tanto silencio que
puedo escuchar crecer el vello de mi
hijo en su bigote en sus piernas en
sus axilas Cada pelo me recuerda la
madre que fui huyendo de los parques
me hacían llorar los empujones de
las hormigas con trenzas y pasadores
y pienso que le robé algo el sol quizá
la arena pero hablamos tanto ese
idioma que era nuestro los largos
baños Ahora escucho crecer su vello
y pone una distancia entre nosotros
me mira desde arriba y dice luego
vengo me voy a acostar ya no tiene
miedo por las noches ni viene a mi
cama ni le toco el brazo suave Es acaso
ya un adulto que se esconde cuando
se viste porque se asusta de lo que
está pasando como yo que me quedo
en la antártida sin saber qué hay detrás

Está tan oscuro en la antártida ¡MAMÁ! ven
a sacarme de la nieve en la que estoy enterrada
con mis peluches para que pueda abrazar a mi
hijo Él camina por el musgo con los pies descalzos
no le alcanza el hielo yo soy un pescado muerto
en lecho del supermercado no parpadeo y veo con
horror pasar hormigas ¡MAMÁ! llévame a nadar
al bosque sola para que nadie se asuste del monstruo
quiero cortar troncos con la rabia de quien abre un
yogur después de una pelea quiero sudar como quien
huye de la sombra del enemigo por calle en la
que alguien pasea un perro Está tan oscuro mamá
solo quiero tener hambre mamá enciende la luna
por lo menos que pueda ver dónde está el clavel
así podré ir a acariciarle el pelo y a mirarle mientras
duerme desmembrado como si cupiese en mí de nuevo

Haré y desharé los días
cuando tus pies desnudos
no se apoyen en la mesa de
la antártida cuando el pasillo
mudo de risas de palabras de
huellas forme con mis tripas
otra cicatriz Haré y desharé
los días que parezca uno el
que me faltas sentado

Mi antártida tiene dos cuartos de baño dos habitaciones y Netflix Las pastillas contadas los productos de limpieza escondidos Es una antártida para una suicida Tiene una vieja nevera con yogures y tápers llenos de purés naranjas con tapas naranjas que hacen para mí De toda la antártida yo elijo el lugar más pequeño para mi cuerpo congelado mi espalda congelada mis piernas congeladas mis brazos congelados mi boca congelada Soy un feto que espera caricias a través de la ventana y que no se ahorca con el cordón umbilical por el miedo de los otros La guerrillera paralizada por el horror no sale nunca de la antártida sabe que al final todo duele hasta un rayo de sol en el hombro porque termina Las civilizaciones Mi hijo morirá algún día Y se destruyen los dedos cuando digo cosas que me aterran pero debo permanecer despierta aunque me asusten las risas de la calle aunque tenga el pecho abierto Elijo el destierro la antártida Intento paliar el dolor con lo insoportable

He vivido mil vidas intensas
ahora me tocan el frío y el
silencio de mi antártida He visto
atardecer en el Caribe amanecer
en el barrio chino de Nueva York
aquel niño andando con tacones
torcidos junto al Ganges en India
He amado cada cuerpo que he
alimentado con mi cuerpo aunque
solo fuera un instante o un poema
o una vida He cogido renacuajos
me he subido a mi almendro levanté
piedras he visto luciérnagas en los
arbustos he llevado costras en las
rodillas Tengo los dedos manchados
de mujeres la cintura con el resto de
tu brazo y el beso guardado en la
boca que no di en el aeropuerto
Tantas veces he follado que me toca
la antártida el frío y el silencio Ya
he terminado ahora soy el monstruo
habitante del hielo hecho de todo lo
que he hecho lo hermoso y lo terrible
superviviente a base de escuchar a
la familia que continúa encendiendo
el fuego al otro lado de la pared

Hormigas

Las hormigas necesitan alimento antes del vuelo nupcial. Quedan en el centro y van a cenar a un asiático. Piden sushi y cargan con el arroz durante días cortejándose hasta que, bajo la lluvia, follan y quedan exhaustas. El macho muere en un sillón gris del Ikea. La abeja reina pare y se come sus propias alas. Ya nunca podrá volar. Los días de lluvia.

Aquí en la antártida me resisto
a la antartida mientras mis manos
vuelan para tocar la hierba del lugar
en el que jugaba a ser un niño perdido
Visto a la gente de blanco solo por tener
sangre por doler por parir árboles que
me asedian a través de la ventana La
antártida es un cubo lleno de sitios
que me asustan y me retienen como raíces
de comida guardada en un táper para no
saltar desnuda por el aire La sangre de la
antártida mancha las esquinas de las bragas
y esconde las cuchillas en la mesilla de
cartón verde Solo queda una bomba siempre
en números rojos que va matando las
tartas de chocolate bajas en calorías y tira
ropa a la laguna donde las mujeres lavaban
la de los muertos mientras rezaban

La antártida es un suicidio el exilio del
monstruo hecho de pesadillas del que
la gente huye y golpea sin fuerzas su
cuenco de comida mientras anda sobre
el hielo descalzo Sangran sus costuras
salpican recuerdos de una piscina de un
anillo perdido en un avión de un edredón
rojo *Lo hecho no se puede deshacer*
*Acuéstate acuéstate** Ya solo queda la
antártida con el cuello desgastado de
una anciana las manos asustadas de quien
no miente y arrastra los pies esquivando
a las hormigas Hace tanto frío que no es
posible parar de temblar nunca también
de miedo porque te arranquen el hijo y
quede la herida sus helados en la nevera
la cama entreabierta El aire congelado
te aprieta la garganta con sus dedos te
empuja contra la pared y te eleva carne
muerta que cae en la terraza La antártida
es un suicidio en el que sigues con vida *Lo*
hecho no se puede deshacer Acuéstate acuéstate

* *Macbeth*

Miénteme Dime que te
enseñé el nombre de
todos los pájaros de todos
los árboles que te mostré
en el cielo el orden de las
constelaciones Que te di
todos los besos que necesitabas
todos los abrazos que nunca
te hice daño cuando peinaba
tu pelo rizado que no permití
que te doliera nada Miénteme
Dime que te llevé a todos los
países que siempre hice la
comida que más te gustaba
Miénteme Miénteme porque
ya es demasiado tarde hace
mucho frío en esta casa y
solo sé que aprendiste a hablar

En la antártida todo es silencio y
hablo sola en otros idiomas porque
en este mundo inventado hecho
de píldoras y té nada importa
na antártica, tudo é silêncio e
falo para mim em outras línguas porque
neste mundo inventado feito
de pílulas e chá nada importa
in antarctica everything is silence and
I speak to myself in other languages because
in this invented world made
of pills and tea nothing matters
în antarctica totul este tăcere și
Îmi vorbesc în alte limbi pentru că
în această lume inventată făcută
de pastile și ceai nu contează nimic

Aquí no existe el tengo planes hay
un océano pero no se puede nadar
por eso miro cómo duerme mi hijo la
montaña más hermosa de la antártida
yo que nunca quise ser madre sino
bruja observo el agua que sale de
mi vieja nevera y sigue los surcos
de las baldosas subirá el nivel del
mar Aquí no arden las hogueras hace
mucho frío y no pueden quemarme por
no seguir el camino de las hormigas
por no hacer planes por no ir al
supermercado a llorar frente a
los cadáveres de los peces y de los
conejos de los uniformes de las cajeras
por no hacer *running* ni pasear a un
perro Ando descalza esa es mi única
licencia para luchar contra el carnero

Una mosca sube por tus pantalones mientras fumas y aun así no puedes respirar tienes miedo al agua a los ruidos Sin embargo me lavas el pelo me haces la comida naranja que queda almacenada en el frigorífico Habitas a la fuerza la antártida en la que duermes a trozos que deseas que cubran las hormigas hasta hacerte de un negro tan alegre que te ahuyente del triste blanco de las paredes heladas Te gustaría salir corriendo a una casa rural y hacer una barbacoa pero tienes los pies pegados en el hielo y una mano agarrada al cuello Tú que puedes soñar con traer hijos al mundo lleno de esquinas y ladrillos con los que nunca bucearías en el mar te quedas en la antártida y llenas las bolsas en el supermercado para mí y para mí llenas la taza té antes de que esté vacía

No hay hormigas en la antártida. Más de 20.000 especies pueblan casi toda la superficie terrestre. Y ni una en la antártida. No toleran las condiciones adversas. Hace tanto frío. Está tan oscuro. La estrella frágil de hermosos colores, sola, lejos de los surcos marcados por las caminatas repetidas de los insectos obedientes, nada. Mueve sus tentáculos en busca del clavel que florece entre el hielo. Quiere comer junto a él en la mesa frente al lago. Que le hable de la democracia en Grecia y mirarle ya desde abajo. La estrella teme el día en que su clavel no vuelva silbando a la antártida. Que se convierta en hormiga y luche o muera en una silla. Que tenga que comprar el hielo. Que entre en un camino ya pisado durante siglos. Mi hermoso clavel que crece entre las montañas blancas.

Tu silencio te transforma en
hormiga mi amado clavel antártico
Oigo tus pasos hacia el servicio
escucho caer tu orina es como
si nunca te hubiera tenido dentro
Me abandonas en la fría antártida
en la cicatriz de la cesárea se pudren
mosquitos sin alas y la esconden
Nunca he sido madre Una hormiga
de largas extremidades me castiga
escuchando canciones en el móvil
de otros locos que no conoce Nadie
quiere conocer a los locos nadie
quiere dormir con los locos Las
hormigas leen sus poemas escuchan
sus canciones pero no saben de sus
antártidas Hoy nunca he sido madre
y el fuego de mis vísceras manoseadas
rompe el hielo hasta dejarme sola en
un cascote con el silencio más absoluto

Sigo los pasos de la hija que
nunca tuve por el hielo No
puedo verle la cara porque
no ha nacido Sé su nombre
La llamo bajito y ella me
escucha Le digo que estoy
loca que camino en verano
sobre el asfalto para quemarme
los pies y manchármelos de
negro Que miro al techo y
veo a seres de ceniza Que
necesito volver al vientre de
mi madre de vez en cuando
Que me dan miedo los árboles y
las fábricas maravillosas Le
pido perdón pero se acerca
a mi oído y me dice yo también
conozco tu nombre

Cuando ya no llegues a casa
silbando ni me pongas música
en el móvil ni hablemos sobre
la existencia del tiempo me
marcharé en silencio yo sola
no puedo con este frío con la
nevera vacía Tengo miedo de
las hormigas de sus voces que
se confunden en la sala de espera
y me caigo al mar Cuando no
llegues a casa silbando sobrarán
tenedores y cucharillas los cuchillos
me llamarán por mi nombre y
escribiré el tuyo en mi piel mientras
tiemblo en la antártida desnuda
de voz Cuando no llegues a casa
silbando me tragará el mar verde
y ya no habrá más yogures ni
supermercados con peces muertos

No quiero salir de la antártida Me asustan las hormigas y sus supermercados ¿Qué hace una frágil estrella de mar comprando yogures? Tiene tanto miedo Hace tanto ruido Se queda en el agua cortándose sus tentáculos y tiñendo el mar de rojo Ve humo negro que se acerca Son estrellas que murieron antes y lloran Saben de su tristeza Saben que vive cerca de la muerte y le cuentan el espanto Mi clavel que silba hace que siga nadando Me duele hasta abrir la boca Mantenerme a flote es una carga intolerable para un cuerpo tan débil Lo insoportable de usar el microondas He cumplido ya

millones de años

Aquí en la antártida la niña es un fósil
de un árbol que se parte en trozos y ve
en sus anillos que vivió millones de años
necesita descansar del ruido de quien
mastica porque ya anduvo entre los
dinosaurios cuando en la antártida había
ríos Ahora coloca en la nevera siempre en
deshielo los purés naranjas que le preparan
Los turistas no pueden comer en la antártida
sus restos afectan el hábitat descolocan los
tenedores o los cojines hablan alto tal vez
las hormigas La niña-fósil teme caer de
unas manos que la amen hacerse añicos

Golpeo mi mulso con los
puños Es como un instrumento
musical prehistórico en la
era de los plásticos de los
fármacos de los cubiertos de IKEA
Quiero llenar de tierra mi
casa y andar descalza y desnuda
y tirarme de rodillas y hacerme
sangre Que suenen mis huesos
como un instrumento musical
prehistórico Golpear con mis
manos el suelo como un tambor
sin tiempo porque ya no tengo
amantes ni me masturbo en
la terraza La antártida me tiene
atrapada sola Me golpeo sueno
Debo de estar viva en este cuadrilátero
en el que lucho conmigo misma sin
guantes para que mis huesos suenen
como un instrumento musical

Hace treinta años yo estaba
en una piscina pública Mi madre
apareció elegantemente vestida
presagio de una desgracia *La yaya*
se ha muerto Yo desnuda con
mi biquini azul turquesa No me
diste un abrazo No lloraste
conmigo Me dejaste dormir
sola en la casa de unos abuelos
que siempre fueron ancianos
con los ojos abiertos pensando en qué
estaría haciendo mientras moría
Bailar Pedir una cerveza Reírme Qué
sucia y qué desnuda y qué ganas de
follar tenía en esa cama con olor
a moho No pude decirte adiós Tocar
tu mano aunque las mías todavía hoy
notan la crema que echaba en tu espalda
Nadie me dijo que ibas a morirte y me
quedé para siempre bajando la escalera en
uniforme después del colegio con
tus dedos en mi pelo en el sofá
haciendo buñuelos de bacalao y sangre
frita escondiendo bombones en el cajón
de la cocina diciéndote adiós cuando
nos fuimos por última vez de aquella

urbanización en la que me picó por
primera vez una avispa Hace treinta
años estaba en una piscina pública
desnuda ante tu muerte y así sigo
Siento el frío de la pérdida inesperada no
llorada junto a tu cuerpo inerte al que decirle
unas últimas palabras lejos de la piscina lejos
de la cama extraña y llena de escozor Abrazarte
mamá Por estas cosas me quedo encerrada en
el tiempo en la piscina pública en las escaleras
verdes en la antártida

Está tan oscuro aquí en la antártida que no
se puede mirar el clavel tantos días a ciegas
andando sin hacer ruido para que no escuchen
el llanto y no se ve el azul de las venas
¿queda sangre o son solo los recuerdos de
alguien que habita el mundo de las hormigas?
La hembra abisal no camina se quedó sin
extremidades el día que se hizo de noche su
cuerpo es blando para soportar altas presiones
el recibo del gas el olor a tabaco de la ropa
tendida el amor a los cuchillos el ruido de
las hormigas que corren horrorizadas por
el frío de la antártida La hembra estéril cierra
los ojos por no hacer uso de lo innecesario

Cayó la última costra de mi
muñeca y no has vuelto todavía Yo
no puedo regar tu planta que
será una víctima inocente de tu
huida como la cama ya sin sábanas
Me estoy acostumbrando a no
escucharte a dormirme cuando
quiero a comer sola solo un puré
naranja ya hasta canto en la antártida
mientras tu albornoz está tirado en
la silla roja Yo ya canto aquí en la
antártida Tu ropa en la silla roja y tu
planta una víctima inocente en la mesa
Cayó la última costra de mi muñeca y en
la antártida hay una habitación que es
solamente una puerta llena de pegatinas

mil veces te pariría cada noche a las 00:35 pero ya no soy madre Duelen el albornoz recién lavado y la cama limpia tus zapatillas en la puerta No vuelves y yo me despierto muy temprano está muy oscuro incluso para la antártida Llueve De nada sirve el café que te llevo a la cama por las mañanas Estoy cansada de llorar frente al ordenador mientras doy al cursor para que no se apague Ya te lamí para que estuvieses limpio todos los días Ahora quiero irme al campo y tener tierra de verdad para andar descalza No me tranquilizan tus gritos cuando juegas a la consola porque estás muy lejos No se llena el lavavajillas con tus tazas del desayuno Te pariría mil veces cada noche a la 00:35 y volvería a sentir cómo me sacan los órganos en tu busca anclada con arneses en la posición de Jesucristo pero yo ya no soy madre duele empujo al gato negro que no tiene la culpa me transformo en un monstruo que lee a Jung y odia a su madre Ya basta Te pariré mil veces cada noche pero no seré tu madre quiero ser libre para morir cuando me dé la gana

Yo sé que dentro de ti habita alguien que
desea gritarme me estás robando el camino
muérete en la cama de la antártida sin
que yo sepa nada que cuando llegue todo
haya terminado los domingos haciendo
puré fregando el baño Yo sé que no quieres
preguntarme más ¿me oyes? ni preguntarte
si estaré tragando pastillas mientras trabajas
con mi botella de agua Fuente Primavera Yo
sé que aunque no lo sepas te gustaría volver
atrás y yo nunca hubiera existido y compraras
paella los sábados y jugaras con los hijos de
tus amigos y tener los tuyos y una mujer
que no escriba sobre muerte encerrada en
una terraza verde Yo sé que dentro de ti
sientes la necesidad de que un día
funcione y entre el aire por otras ventanas
más cerca de tu familia para comer la
lasaña de tu madre todas las semanas sin
sentirte un asesino

Morir es como la lluvia pero sin hijo Las gotas rojas en el suelo forman ya casi un lago hermoso y brillante Se anuncian riadas en mi brazo en mi mano en mis dedos que no tocan tu pelo rizado Quedan cuatro yogures en la nevera

Índice

Esta obra
se acabó de imprimir
con los auspicios de
Charo Fierro y
Antonio J. Huerga, editores

FINIS CORONAT OPUS